Christian August Vulpius

Der Schleier

Operette in drei Aufzeichnungen

Christian August Vulpius

Der Schleier
Operette in drei Aufzeichnungen

ISBN/EAN: 9783337320744

Hergestellt in Europa, USA, Kanada, Australien, Japan

Cover: Foto ©Thomas Meinert / pixelio.de

Weitere Bücher finden Sie auf **www.hansebooks.com**

Der Schleier

Eine Operette in drei Aufzügen

von

C. A. Vulpius.

Facci una sola fede un sol desio
Di due alme, e duo cori, un'alma, un core,
Ne sia premio d'amore altro, che amore.

Guarini.

In Musik gesezt von W. E. Wolf,
Herzogl. Sachs. Weimarischen Kapellmeister.

Baireuth und Leipzig.
bei Johann Andreas Lübeks Erben 1789.

Der

Frau Gräfin

Henriette von Egloffstein

geborne Freyin von Egloffstein

Hochgeboren.

So manches kleine Blümchen blüht,
verwelkt, ihr angenehm, auf Florens duftendem
Altar,
und neben vollen Purpurrosen glüht
auch wohl ein kleines Röschen in dem Haare
der buntgeschmükten Göttin. — Und in blauer
Ferne
glänzt in des Himmels schönstem Kranze grös=
rer Sterne
auch mancher kleine Stern, nicht unbemerkt und
ungesehn.

Nimm diesen kleinen Kranz von meiner
Muse Dir gewunden,
ich hab' ihn einst im schönen Feenland gefunden,
die Blumen blühen dort so schön!
Klein ist die Gabe, und ihr Werth wird nur
dadurch erhöht,
daß auf dem Altar, wo sie liegt,
Dein Name steht,
und daß kein Schmeichler, schlangengleich, um
diesen Altar kriecht.

C. A. Vulpius.

Der Schleier.

Personen.

Fee Marzinde.

Soldan Issuff, König in Aegypten.

Mandane, seine Gemalin.

Bellamira, seine Schwester.

Brionelle, ihre Zofe.

Merindo, ihr Zwerg.

Prinz Markomir.

Arzanto, sein Schildknappe.

Morganto, Ritter an des Königs Hofe.

Seneschall, des Königs.

Mervillo, Prinz aus Loango, Negromant.

Ein Page.

Chor unsichtbarer Geister.

Königliches Gefolge.

(Szene — im Walde, Schlosse, Garten, bey und zu Alkair.)

Erster Aufzug.

(Wald.)

Erster Auftritt.

Bellamira. Brionelle (in Jagdkleidern, mit Pfeil und Bogen) Zwerg (mit einem Falken.)

Bellamira.

O schöner Traum! wie schnell bist du verschwunden!
Du süsseste der Stunden
und meines Lebens schönster Augenblik,
ach! kehr zurük!
Ach! laßt, kann's wachend nicht geschehn,
ihr Götter, nur im Traum,
das schöne Bild mich wieder sehn!

Brionelle. Ein Traum macht Euch also so zerstreut Prinzessin?

Bellam. Ein schöner Traum! der schönste Augenblik meines Lebens war ein Traum!

Brion. Darf ich ihn hören?

Bellam. Mir träumte, ich sah hier in diesem Walde einen schönen Ritter herumirren. Seiner Rüstung nach, schien er ein Ritter aus Abendland zu seyn. Er kam näher, schlug seinen Helm auf und sagte: „Schönste Infantin Bellamira.“ —

Brion. Er nannte Euch so gar bei Namen?

Bellam. Wie du hörst.

Brion. Nun?

Bellam. „Schönste Infantin Bellamira, sagte er, Euch suchte ich!“ Ich konnte ihm kein Wort antworten. Er schlang seinen Arm um mich und —

Brion. Nun? und?

Bellam. Und ich erwachte —

Brion. Ei! das ist auch recht ärgerlich! Mir geht's auch immer so, wenn mir etwas schönes träumt, allemal muß ich auch auf=

aufwachen, wenn's Beste kommen soll, das ist einmal gar nicht anders. Und die ängstlichen Träume, die träume ich aus bis auf die Gräte. Ich bin auch manchmal so unzufrieden mit dem Traumgott, daß ich ich ihn gleich — zerriß, wenn ich ihn da hätte.

Bellam. Und da er mich umschlang — verschwand mein Traum!

Brion. 's ist zum Rasend werden! Ich kann mich gar nicht erinnern, daß ich so einen Traum von Umarmungen, oder so dergleichen, ganz ausgeträumt hätte. — Und 's ist nichts ärgerlicher, als wenn man so ganz in lauter Wonne zu schweben glaubt, und man sieht, daß man — höchstens, im Bette liegt, wenn man glaubt anderswo zu liegen.

Bellam. Brionelle! wenn du ihn gesehn hättest!

Brion. Ach! ich kann ihn mir vorstellen!

Zwerg. Ich auch! (lagert sich unter einen Baum.)

Brion. Ich weis schon wie die Traumbilder aussehen. Schön, lang, weiß und roth, blond Haar? —

Bellam. Er hatte so etwas in seiner Miene, das du dir nicht vörstellen kannst.

Brion. Das glaub' ich herzlich gern! Es ist kein grösserer Maler, kein reicherer Juwelirer, kein zehnfacherer Betrüger, als der Traumgott. Der hat gar ein sonderbares Privilegium den Menschen Wolken zu zeigen.

Zwerg. So, wie bei uns die merkantilischen Gelehrten!

Brion. Ich hab's schon so oft erfahren! Wie oft war ich im Traume Königin, wie oft hatte ich da schon einen Mann — und wenn ich aufwachte, war weder das erste noch das lezte wahr.

Bellam. Ach! ich werde nie wieder so glüklich seyn als in diesem Augenblik. — Ohne Ruh werde ich umher wallen, ihn suchen, und ihn nicht finden!

(Langsam und traurig ab.)

Zweiter Auftritt.

Brionelle. Zwerg.

Zwerg. Ja! 's ist eine üble Sache um die Träume!

Brion. Du verstehst's!

Zwerg. Denkt Ihr denn nicht, daß ich auch Träume habe? So gut wie Ihr! Ich weis am besten!

Brion. Wie mir einmal träumte, der schöne Page käm in der Laube zu mir! das war doch auch ein himmlisches Bild! — der gröste Maler, begabt mit der allmächtigen Phantasie des Dichters Assad, könnte mir das Bild nicht malen.

Nein! was ich im Traum gesehn,
malt kein Maler mir so schön!
Welch ein seliges Entzüken,
sprach aus seinen Feuerbliken! —
ach! er ist, er ist so schön!
müste selbst der Neid gestehn.

Zwerg. Der Himmel behüte jeden Menschen vor einem Frauenzimmer, die solche unbeschreibliche Visionen hat! (springt auf) Brionelle, ich bin ein Mensch — hier halt' ich's ich's nicht länger aus. (will gehen) Mond und Erde! was seh ich!

Brion. Ums Himmelswillen! doch keinen Zauberer?

Zwerg. Der würde einer Hexe nicht viel anhaben.

Brion. Laß deinen Spas!

Zwerg. Seht doch!

Brion. Was ist denn zu sehen?

Zwerg. Wenigstens — ein Mensch.

Brion. Das ist was rechtes! Menschen seh ich alle Tage — und Mißgeburten dazu.

Zwerg. Ihr müst fleissig in den Spiegel sehen.

Brion. Merindo! nimm dich in acht!

Zwerg. Der Himmel ist helle.

Brion. Du bist vor der Erde nicht sicher.

Zwerg. Ich laufe auf Hofsohlen, so gut wie Ihr. — Aber seht nur her —

Brion. Was wird denn zu sehen seyn?

Zwerg.

Zwerg. Wenigstens ein fremder Knappe.

Brion. Ein fremder Knappe?

Zwerg. Ihr kennt die Einheimischen besser als ich, seht zu ob's nicht ein Fremder ist.

Dritter Aufttitt.

Vorige. Arzanto.

Arzanto. Endlich Menschen! — Wer Ihr auch seyd schöne Dame, es mögen Euch Geister oder Menschen unterthan seyn. —

Brion. Ein höflicher Mann!

Arz. Sagt mir, ist nicht in der Nähe eine Quelle?

Zwerg. Ich wüßte keine.

Arz. Ach! so wird die Blume, der Spiegel der fahrenden Ritterschaft, ganz gewiß verschmachten! Ein ungünstiger Zaubrer muß uns in den verfluchten Wald verbannt haben. Schon suchen wir zwei Tage ein Ende und finden keins. Unser Proviant ist aufgezehrt, unsre Pferde haben sich verlaufen und mein Herr verschmachtet, wenn ich kein Wasser finde.

Brion. Wer ist dein Herr?

Arz. Ein irrender Ritter der sein Ideal sucht, wie ich das meinige. Gegen die andern Weibsbilder, sind wir zwar nach Rittersitte, höflich, aber weiter nichts. — Nichts von Galanterie und dergleichen. Gar nichts! Was aber (schlägt ans Schwerd) dergleichen verliebte Händel anbetrift, da sind wir beide wie der Bliz bei der Hand.

Brion. Nach seiner Tracht zu schliessen, ist er —

Zwerg. Ein Abendländer.

Arz. Richtig, wir ziehen mit der Sonne, nur daß wir anfangen, wo sie aufhört. 's ist zwar eigentlich eine jämmerliche Beschäftigung da anzufangen, wo andre aufhören, aber sie ist doch ganz gewöhnlich. — Ich habe mir's freilich nicht eingebildet, als uns die Fee auf Reisen schikte, daß der Ritterzug so weit gehen würde, — aber was hilfts! davor ist mein Herr Ritter, davor bin ich Schildknappe.

Brion.

Brion. Die Hebamme scheint dir die Zunge ziemlich gut gelöst zu haben.

Arz. Das danke ich ihr noch im Grabe.

Zwerg. Du bist mein Mann! denn wer sich in der Welt nicht mit Reden forthelfen kann, ist eine arme Kreatur.

Arz. (Ans Schwerd) Hat nichts zu sagen!

Zwerg. Dieser Paß gilt nicht allenthalben.

Arz. Das müssen die Untersuchungen entscheiden.

Brion. Indeß du hier plapperst, wird dein Herr sterben, und —

Arz. Wenn keine Quelle da ist, hätt' ich doch auch keine gefunden. — Die Fee wird uns doch nicht in der Fremde verschmachten lassen!

Brion. Ist dein Herr schön?

Arz. Unsre Damen sagen ja; aber der Geschmak ist eben so verschieden, als die Münzen. Was hier gilt, gilt dort nicht, und Eurer schönen Nase, würde bei uns, jedes Stumpfnäschen vorgezogen. Inzwischen —

un-

untersucht selbst. Aber, wenn Ihr kein Wasser habt, so laßt mich lieber meine wenigen Kräfte noch dran wenden, den Himmel um einen gnädigen Regen zu bitten, als mich hier heisch reden.

Brion. Merindo, giebt dem Knappen das Fläschchen.

Zwerg. Hier!

Brion. (vor sich) Jezt muß ich auf Rechnung der Prinzessin alles wagen. — Gieb das Fläschchen deinem Herrn, sag' ihm der Ausgang sey nicht weit von hier. Nicht weit die schöne Stadt Alkair. Dort, in der königlichen Burg, wünsche ihn die Infantin zu sprechen, — sie brauche seiner Dienste. — Sage ihm das!

Arz. Gut!

Brion. Sag' ihm sie habe sehr nothwendig mit ihn zu sprechen.

Arz. Gut! gut!

Brion. Und erwarte ihn noch heute.

Arz. Wenn er nur nicht schon verschmachtet ist.

(Läuft fort.)

Zwerg.

Zwerg. Das habt Ihr gut gemacht!

Brion. Gut genug, um es verantworten zu können!

Zwerg. Daran ist kein Zweifel! ich bin kein Weibsbild, und wollt's eben so gut verantworten können, wie Ihr.

Vierter Auftritt.

Brionelle. Zwerg Bellamira.

Bell. War nicht ein Fremder hier?

Zwerg. Richtig!

Brion. Prinzessin! Es kampirt ein Ritter aus Abendland in diesem Walde!

Bell. Aus Abendland? Ein Ritter? In diesem Walde?

Brion. Sein Knappe kam so eben und suchte eine Quelle, damit er nicht verdursten möchte. Ich gab ihm unser Weinfläschchen.

Bell. Wir wollen hin!

Brion. Ei! — Und der Jagdzug ist im Walde! Nicht doch! der Vogel kömmt selbst ins Garn, und dann wollen wir sehen

ob

ob er des Auslösens werth ist, oder nicht. — Ich hab' ihn zu Dienst der Infantin, aufs königliche Schloß bestellt.

Bell. Zu meinem Dienst?

Brion. Allerdings! — Und wißt Ihr, worinne wir diesen Dienst können bestehen lassen, wenn wir wollen?

Bell. Nun?

Brion. Habt Ihr schon vergessen, daß der furchtbare Mohrenprinz sich erboten hat, 14 Wochen lang, seine Liebe vor Euch, jeden, mit Lanz und Schwerde darzuthun, der sich erkühnen würde, daran zu zweifeln? — Laßt den Fremden daran zweifeln, vielleicht gelingts ihm Euch von dem überlästigen Liebhaber zu befreien.

Bell. Vortrefflich!

Zwerg. Ich finde es auch sehr wohl ausgesonnen. (Legt sich unter einen Baum.)

Brion. Und — Prinzessin! wenn er es wär!

Bell. Ach! wenn er es wär, den ich im Traume sah! — (singt.)

Aengstlich klopft mein Herz und bebet,
ach! warum?
Hier in diesem Busen hebet
etwas sich, und drängt und strebet, —
ach! warum?
Und ich bin wie neu belebet,
Denk' ich an das schöne Bild,
das mein ganzes Ich erfüllt!

Zwerg. Ich will es selbst wünschen, daß er 's ist! denn wahrhaftig! ich müste Euch eben so gram seyn wie die Königin, wenn ich Euch den Mohr zum Gemal wünschte.

Bell. Er wird also kommen?

Brion. Das versteht sich!

Zwerg. So etwas wird er sich nicht zweimal sagen lassen.

(Jagdhörner.)

Bell. Schon die Jagd zu Ende? was muß mein Bruder vorhaben?

Brion. Sonst könnte man ja gar gut verhungern, ehe er an die Rükkehr denkt.

Fünfter Auftritt.

Vorige. Page.

Page. Infantin, der Zug wartet Eurer.

Bell. Warum so bald?

Page. Der König ist, ich weiß nicht warum, sehr unmutig.

Bell. Nimm Merindo meinen Falken ab.

Page. (Nimmt den Falken.)

(ab.)

Bell. Du bleibst hier und führst den fremden Ritter gen Alkair — und wenn du klug bist, so weist du was du zu thun hast.

(ab mit Brionellen.)

Sechster Auftritt.

Zwerg. „Wenn du klug bist, so weist du was du zu thun hast." — Bei meinem Barte! das ist sehr zweideutig. (springt auf.) Klug? — das bin ich. — Aber weis ich nun was ich zu thun habe? — Nein! — Der Infantin hat geträumt. — Nun soll ich wohl gar eine Wirklichkeit draus machen? Ach! ich armes Menschenkind! Was wär ich

vor

ein Mann, wenn ich das könnte! da wär ich ein ganz andrer Kerl als jezt. — Aber da käm' an meine Träume die Reihe zu erst. — Ach! wenn ich das könnte —! da wär ich mehr als Soldan Jssuff!

Könnt ich Träume wirklich machen,
ei! was wär ich vor ein Mann!
aller Fürsten wollt' ich lachen,
lachen jeden Grossoldan.
Seht, hier wär' noch mehr ihr Leute,
als ein armer Grossoldan.
Ei! wie schnell würd' ich noch heute,
Mogul oder Tartarchan.

Ach! noch vielmehr! Herr der ganzen Welt wär ich! Ha! wie wollt' ich da leben! die Sterne am Himmel sollten davon singen! Hören und Sehen sollte den Menschen vergehen. Mond und Fixsterne sollten sich über meine Thaten verwundern, und wenn die Sonne auf die Erde gukte, sollte sie nichts zu bewundern haben, als meiner Hände Werk. — Liebe Prinzessin! könnt' ich Träume wirklich machen, Ihr lägt schon längst in meinen Armen! — — — Aber still! dort kömmt ein Ritter, langsam und traurig! das wird er seyn! Wir wollen doch hören, was er angiebt. (steigt auf einen Baum.)

Siebenter Auftritt.

Zwerg. Markomir (ohne Helm, mit fliegenden Loken, übrigens ganz gewappnet.)

Zwerg. Er ist sehr in Gedanken!

Markomir.

Wenn find ich dich,
vom Schiksal mir erkohren?
Du, die vor mich geboren,
wo such' ich dich?
wo weilst du, die ich liebend nenne?
wo bist du, die ich noch nicht kenne?
Ach! kennst du mich?
wo such' ich dich?

Achter Auftritt.

Vorige. Arzanto (mit Markomirs Helm, Schild und Lanze.)

Arz. Wenn wir nur erst wieder ein paar tüchtige Gäule unterm Leibe hätten! — So allein Herr Ritter? wo ist denn die Dame?

Mark. Ich habe keine gesehen.

Arz. Das ist ia der Plaz, wo ich sie verlies! — Sie führte ein rechtes delizidses Fläschchen Herzstärkung bei sich, die gute Dame!

Mark. Arzanto! wie lange werden wir noch herum irren?

Arz. So lange, wie es Eurer Tante, der weisen Fee Marzinde, gefallen wird.

Mark. Schon hat der Mond zum zwanzigstenmale sein Licht gewechselt, und noch such' ich sie vergebens.

Arz. Nur frisch nach Alkair! wenn Ihr auch dort wieder Euern Schleier vergebens anzubringen sucht, so finden wir doch wenigstens eine gute Herberge. In den Wäldern werden wir die unbekannte Braut wahrhaftig nicht finden! Frisch nach Alkair!

Mark. (wirft sich unter einen Baum) Laß mich nur noch ein wenig ruhen!

Arz. Immer ruhen und immer ruhen! — Sie wird uns nicht in die Hände laufen. — Suchet, so werdet Ihr finden.

Mark. Schon fange ich an zu zweifeln, sie jemals zu finden!

Arz. Ich dachte gar! Eure Tante ist ia sonst ein vernünftiges Weib. Sie würde Euch so um umsonst uud wieder nichts, nicht in die Welt hineingeschikt haben. Aber, bei Eurem Schwerde, es muß eine Prinzessin seyn, die sich sehen läßt! Wenn's nichts Sonderbares wär', reisten wir gewiß nicht so lange herum. Die schönsten Edelsteine liegen am tiefsten verstekt.

Mark. O! daß das Ende des Waldes die Grenze meiner Reisen wär'!

Arz. Ruht nur nicht so lange, wir müssen noch zum Mittagsessen in Alkair seyn. Ich sehne mich recht nach einer guten Malzeit, und Ihr vielleicht nicht minder, wenn Ihr nicht, wie alle Verliebte, auch von der Luft zu leben gesonnen seyd. — Kommt nur, wir haben jezt keinen Mondschein, die Sonne geht zu Alkair auf.

Zwerg. Nun herunter!

Arz. Ich glaube, es sprach' jemand.

Zwerg. (steigt herab) Ich war's guter Freund!

Arz. Der Himmel bewahre mich vor den Früchten dieses Landes, wenn sie nicht appetitlicher sind als diese!

Zwerg. Herr Ritter, die Infantin ist mit dem Jagdzuge nach der Stadt. Sie erwartet euch dort.

Mark. Wer ist sie?

Zwerg. Die Schwester Soldan Issuffs, des Königs hier in Aegypten. Sie heist Bellamira. Gemeiniglich sagt man aber die schöne Bellamira. Die Dichter nennen sie auch die geistreiche, den weiblichen Morgenstern; und wenn diese Herren von ihr reden, so sind ihre Augen, Sonnen, ihre Zähne, Perlen, ihre Wangen, Rosengefilde, und so weiter.

Mark. Was hat sie mir zu sagen?

Zwerg. Aus ihrem eignen Munde werdet Ihrs ohne Zweifel lieber hören.

Mark. Was ist dein König vor ein Mann?

Zwerg. Ein sehr guter Mann, wenn

 ihn

ihn nur seine Lage nicht zuweilen so mürrisch machte.

Mark. Wie so?

Zwerg. Hört nur! Ihr werdet sonderbare Sachen hören.

Mark. Nun?

Zwerg. Der König war von jeher ein ganz ausserordentlicher Liebhaber des schönen Geschlechts. Als er noch Prinz war, schlug er bald hier, bald dort, sein Gezelt auf, und warf sein Panier bald da, bald dorthin. — Endlich kam er auch unters Feengeschlecht, und das bekam ihm jänmerlich.

Arz. Aha! Ja! lasse sich einer nur mit Feen ein! — das sind doppelte Weiber.

Zwerg. Er trieb's lange mit einer gewissen Fee Morgelinde, und am Ende kam er wieder unter das Menschengeschlecht.

Arz. Hm! der hat's Wechseln geliebt!

Zwerg. Sein Vater starb, er bestieg den Thron und vermälte sich mit der Prinzessin von Tschirkassien, Mandane, seiner jezigen

gen Gemalin. — Als er sich krönen lies, schikte ihm die Fee einen zärtlichen Brief und eine kostbare Krone, — eine Krone, die nicht mit Königreichen zu bezalen ist.

Arz. Das laß ich gelten! — So lies ich mich alle Tage vor ein Liebesabentheuer belohnen.

Zwerg. Ja! hört nur! — der König lies sich schönstens bedanken, und lies sich mit der Krone zum König krönen. Aber nun gieng der Spektakel an. Als der König die Krone abnehmen wollte, gieng sie nicht herab.

Arz. Sie gieng nicht herab?

Zwerg. Gieng nicht herab! — Aber das nicht allein, — wenn er dran rükte, hätte er vor Schmerzen verzweifeln mögen. Und so geht's, bis diese Stunde. Tag und Nacht muß er mit der Krone herumgehen und sich zu Bette legen, er mag wollen oder nicht.

Arz. Ventregris.

Mark. Giebt's kein Mittel die Krone herabzunehmen?

Zwerg. Ein Mittel giebt's, aber ungeachtet aller Versuche, wandert er noch immer mit der kostbaren Krone herum.

Arz. Ein feines Feenstükchen! — Und das Mittel?

Zwerg. Ist leicht und auch nicht leicht, nachdem man's nun nimmt. — Ein Ritter muß das Abentheuer bestehen.

Mark. (springt auf) Vielleicht kann ich's.

Zwerg. Wer weis!

Arz. Nur nicht gezweifelt, guter Freund! Wo es Abentheuer giebt, ist mein Herr zu Hause. Giebt's Kampf mit Riesen oder Drachen? Solche Kazbalgereien sind meinem Herrn ein Spas.

Zwerg. Da giebt's weder Drachen noch Riesen.

Mark. Was denn?

Zwerg. Die Krone kann dem Könige nur ein Ritter abnehmen, der seiner Dame nie, in Gedanken, oder Werken, treulos war.

Mark. Ich will's versuchen.

Zwerg. Ich glaube, daß seit zwey Jahren hundert Versuche sind gemacht worden, aber die Krone sizt fest und läßt sich nicht abwerfen.

Mark. Sonderbar!

Zwerg. Ja wohl sonderbar! so viele Ritter, und keiner seiner Dame getreu!

Arz. In Werken und Gedanken, das heist viel, sehr viel gefordert.

Zwerg. Und wenn's ein Ritter vergeblich versucht hat, so hat der König allemal drei Tage Kopfschmerzen, die seine Unterthanen entgelten müssen. Die sonderbarsten Verordnungen kommen zu so einer Zeit zum Vorschein.

Arz. 's ist zum Erstaunen!

Zwerg. Und der Ritter, der's versucht, bekömmt eine sonderbare Lust, die Krone abzunehmen, daß der König mit Händen und Füssen wehren muß. Dabei wächst dem Ritter ein groses, breites Mahl auf der Stirne, das sieht so ungefähr aus, wie ein Schmetterling.

 Wenn

Wenn der König seiner Krone los wird, werden die Herrn auch ihres Mahls los.

Arz. Beim Zaubrer Merlin, das ist ein böser Handel!

Mark. Und doch ——! trügt mich nicht alles, so werde ich den König von seiner Qual befreien.

Zwerg. Wir wollen das Beste hoffen.

Markomir.

War ich, dir Bild,
das hier im Herzen wohnet,
so sanft, so mild,
als Königin hier thronet,
war ich dir ohne Wankelmut getreu,
vernichte ich die Zauberei.

Arz. Siehst du!

Zwerg. Kommt! nach Alkair! Solche Gäste sieht der König gern — die Königin noch viel lieber.

Neunter Auftritt.

Vorige. Mervillo.

Merv. Ein fremder Ritter hier?

Mark.

Mark. Ein Mohr? wer ist der? --

Zwerg. Ein Erzzaubrer, Mervillo, Prinz von Loango, ein Freier der schönen Infantin.

Mark. Schon gut! — zur Stadt!

Merv. Ritter! wer du auch bist, halt! — du kömmst nicht vom Plaze, wenn du nicht bekennst, hier auf dem Fleke bekennst, daß die Dame meines Herzens, der Preis der Schönen, die fürtrefflichste der Damen, die Krone der minniglichsten Weiber sey, und selbst die Deinige, so weit übertreffe, als der Morgenstern all die Sterne des Himmels.

Angebetet und verehret
sey die Schöne, die ich liebe,
und beseelt von gleichem Triebe,
Huldige die Erde ihr.

Mark. Deine Schöne zu verehren,
Sie den Preis der Damen nennen,
ohne sie zu sehn, zu kennen,
Traun! du forderst viel von mir!

Merv. Stolzer Fremdling, sähst du sie! —

Mark. Ich bin Ritter, was ich sage
ist auch meines Herzens Sprache,
wiederrufen werd' ich nie.

Merv. Alle Damen, selbst die deine,
übertrift so weit die meine,
wie des Morgensternes Preis,
jedes Sternenlicht! —

Mark. Beweis!

Merv. (ans Schwerd schlagend) Hier!

Mark. Wie kannst du, Kühner! wagen,
ungewappnet dies zu sagen?

Merv. Ich bin gefeyt!

Mark. Auch ich!

Merv. (ziehts Schwerd.) Ha!

Mark. (ziehts Schwerd) Zurük! das
ist nicht Rittersitte!

Merv. Keine Drohung — keine Bitte —

Mark. Dieser Arm hat nie gebebet,
furchtsam klopfte nie dies Herz.

Arz. { Wie mein Herz vor Furcht erbebet!
Zwerg. { Das ist Ernst! das ist kein Scherz!

Merv. Du gefeyt? — ich will dich lehren
meine Zaubermacht zu ehren.

Arzon.

Arz. { Ach! wie wird es mir ergehen!
Zwerg. { Nun ist es um mich geschehn!

Merv. (macht mit seinem Stabe Kreise auf der Erde und in die Luft.)

Herauf ihr Geister allzumal!
bezaubert doppelt diesen Stahl.
Bezaubert ihn für euch und mich,
bezaubert ihn auf Hieb und Stich.

(Feuer und Dampf aus der Erde.)

Aus der Erd', aus den Lüften,
aus schweflichten Grüften,
steigt, dienstbare Geister, empor,
und leiht mir euer gefälliges Ohr.

(Geräusch unter der Erde, Donner und Blitz von oben.)

Herauf! herauf!
Du starker Geist Almanziel!
und du, erhabner Zanziel!
ihr dienstbaren Geister, steigt auf!

Chor der Geister. (unsichtbar, aus der Tiefe.)

Dir zu dienen, sind wir hier,
wir steigen auf und kommen zu dir,
Wir kommen zu dir! was willst du? sag an!
noch eh du gesprochen, haben wir's schon gethan!

Merv.

Merv. (reicht das Schwerd in die Tiefe.)

Zaubert iezt auf Hieb und Stich,
doppelt dieses Schwerdt für mich.

Mark. Mag es donnern, stürmen, blizen,
mich wird stets Marzinde schüzen.
Diesen Zauber fürcht' ich nicht.

Arz. Zwerg. Ach! wie wird es mir ergehen!
mich beschüzen keine Feen,
keine Seele hilft mir nicht.

Chor der Geister. Nimm dies Schwerd!
auf Hieb und Stich
zaubern doppelt wir's für dich!

Merv. (nimmts Schwerd zurük, — macht Kreise mit dem Stabe, und der Rauch zertheilt sich.)

Fort, ihr Geister! zu dieser Stund!
fort in euern tiefen Schlund!
dieses Schwerd habt ihr für mich,
festgemacht, auf Hieb und Stich!

Zwerg. Verstummt sind all die Stürme,
es wird so hell, so schön.

Arz. Komm! mach, daß wir die Thürme
Bald von Alkair sehn.

Merv. Dir zu zeigen wie ich liebe,
Bellamira, that ich das.
Ach! erwiedre meine Triebe
doch nicht stets mit Hohn und Haß.
Du Knabe! erzittre,
die Lanze zersplittre,
es breche dein Schwerd,
es stürze dein Pferd.
Stürze selbst durch diese Hand,
unbedachtsam junger Fant.
Dir zu zeigen wie ich liebe,
Bellamira, thu ich das,
und verschmähst du all die Triebe,
zittre dann vor meinem Haß.

Zwerg. } Gilt die Zauberei nur Rittern,
Arz. } ei was brauch' ich dann zu zittern.

Mark. Immer treu will ich dir leben,
Schönste, die ich noch nicht fand.
Ewig liebend, dir ergeben,
führt für dich ein Schwerd die Hand.

Merv. Du willst mir im Kampf bestehen?

Mark. Zweifle nicht, es soll geschehen,
in den Schranken zu Alkair!

Merv. Mein die Braut! Ich schwör' es dir
bei den Geistern in der Erde,
bei den Nixen, Salamandern,
Gnomen, daß ich keinem andern
ie sie überlassen werde.

Mark. Wo das Schwerd entscheiden muß,
ist das Pralen Ueberfluß.

Alle.

Rittersitte ist, zu schweigen,
bis die Thaten selbst bezeugen,
daß kein eitler Schwäzer spricht.
Zu Alkair, vor dem Schlosse,
in den Schranken dann zu Rosse,
und in Waffen, gilt dies nicht!

Zweiter Aufzug.

(Saal.)

Erster Auftritt.

Mandane. (windet Blumenketten und Kränze.)

Der Fischer kömmt mit leerer Hand
oft traurig heimgegangen,
oft haben wir das Nez gespannt,
und haben nichts gefangen. —
Der Fischer schleicht betrübt nach Haus, —
wir, spannen schnell ein andres aus.

Zweiter Auftritt.

Mandane. Zwerg. (ist schon zu Anfang des Gesanges hereingekommen.)

Zwerg. (tritt vor) Nun so spannt nur, spannt nur — die Infantin hat auch etwas gefangen — und zwar, ein fremdes Wildpret.

Mand. Rede deutlicher Narr!

Zwerg. Ich denke, ich spreche sehr vernehmlich.

Mand. Also Bellamira? — was hat sie gefangen?

Zwerg. Weil ihr nichts von Wildpret hören wollt — einen schönen, spiegelglatten Fisch hat sie gefangen.

Mand. Und darunter versteht deine Weisheit?

Zwerg. Einen Ritter in voller Rüstung.

Mand. Einen fremden Ritter?

Zwerg. Einen Ritter aus Abendland. Einen schönern, jüngern Frauendiener kann's kaum geben. — Der führt einen Schaz bei sich, das ist ein wahrer, eigentlicher Schaz. Ein Schaz aller Schäzze und Kostbarkeiten.

Mand. Und das ist?

Zwerg. Ein Schleier.

Mand. Ein Schleier?

Zwerg. Wie Ihr hört — ein Schleier. Aber, ein Feenschleier. Die Dame, welche ihn besizt, geniest, bis in ihr kühles Grab, die Schönheit desjenigen Augenblikes, in wel-

welchem sie, seit ihres Lebens, am reizendsten war.

Mand. Der Ritter hat den Schleier bei sich?

Zwerg. Bei sich!

Mand. Und ist hier?

Zwerg. Er ist mit mir angekommen.

Mand. (springt auf) Den Schleier muß ich haben.

Zwerg. Wenn er ihn nur hergiebt.

Mand. Er soll und muß ihn hergeben! Solch ein Kleinod laß ich nicht aus dem Schlosse.

Zwerg. Er hebt ihn vor seine Dame auf.

Mand. Was bin ich denn?

Zwerg. Auch eine Dame.

Mand. Und also!

Zwerg. Aber — seyd Ihr denn auch frei und ledig?

Mand. Als wenn's darauf ankäme!

Zwerg. So! so! — das wust' ich nicht. — Seht! dort kömmt er!

Mand. Laß mich allein! (sezt sich an ihre Blumenarbeit.)

Zwerg. Viel Glük, Frau Königin!

(ab.)

Dritter Auftritt.

Mandane. Markomir.

Mandane.

Wie der Straus, den ich hier binde,
Welkt, wenn kaum die Sonne flieht,
so verblüht und welkt geschwinde
unser Leben und entflieht.

Rosen streut die Zeit auf immer
nicht auf diese Wangen schön;
in den Runzeln glänzen nimmer
blendend weiße Lilien.

Ach! der Abendwind verwehet
unsre Schöne neidisch bald,
Drum noch eh die Zeit vergehet,
liebet, tändelt, scherzt, gefallt.

Mark.

Mark. (vor sich) Dieser reizende Gesang! Wer muß diese seyn? Gewiß die Dame, die mich' einladen lies!

Mand. (vor sich) Schön ist der Mann — noch schöner sein Schleier!

Mark. (vor sich) Wo muß der Zwerg seyn?

Mand. (vor sich) Er ist sehr schüchtern!

Mark. (vor sich) Ich will sie anreden.

Mand. (vor sich) Ich will doch sehen, was er beginnt!

Mark. Schönste Infantin! Ich kann mich nicht irren. Eure übervollkommene Schönheit sagt mir, daß ich in Euch die Dame finde, welche mich hieher bescheiden lies.

Mand. (vor sich) Aha! — (laut) Ihr habt Euch nicht geirrt.

Mark. Worinnen kann ich Euch zu Diensten seyn? Befehlt! Den Gesezen des erhabenen Ordens getreu, geh' ich, wohin Ihr es verlangt, und wärs in den Tod. Giebt es Menschen oder Ungeheuer zu bekämpfen?

Sagt, gebietet, ich bitte Euch, und traut mir und meinem Schwerde alles zu, was ic einem irrenden Ritter eine Dame zutrauen konnte.

Mand. (vor sich) Jezt muß ich siegen.

Mark. Befehlt, schöne Infantin! dem, der Euch zu Ehren, Speer und Roß zu beflügeln wünscht.

Mand. Also wißt — aber es wird hoher Mut zu dem Abentheuer erfordert. —

Mark. Ich bin Ritter! — und wo es Kampf und Schwerd gilt, ziehe mich auch gewiß Artur selbst, keiner Feigheit.

Mand. Es giebt — ich weis nicht wo, einen Schleier welcher ewige Jugend und Schönheit der Besizerin gewährt — und diesen Schleier —

Mark. Besize ich selbst.

Mand. Ihr selbst? — Ich habe Euer Ritterwort.

Mark. Das habt ihr, und ich würde Euch diesen Schleier sogleich aushändigen,

hätte

hätte es nicht eine besondre Bewandtniß damit. — Meine Tante, die weise Fee Marzinde, führte mich, ehe ich meine Ritterfahrt antrat, in ein erleuchtetes Zimmer und zeigte mir in einem Spiegel, eine Dame von ausserordentlicher Schönheit. Sie verschwand sogleich wieder, und mit ihr, aus meinem Gedächtniß ihre Bildung und Tracht. Die Fee reichte mir einen Schleier und sagte: „Mit diesem Schleier sollst du die Welt durchziehen und die Schöne suchen, welche dir bestimmt ist. Jeder Dame, die es zugiebt, hängst du den Schleier über, und nur bei der rechten, wird ein Zeichen geschehen — und sobald du ihr den Schleier wieder abnimmst, wirst du sie wieder erkennen, wie du sie hier im Spiegel sahst, aber nicht eher, wär sie es auch.

Mand. Sonderbar.

Mark. Dieser Schleier ist mein Leitstern.

Mand. Und was fordert Ihr und der Schleier von der Dame?

Mark. Unschuld und Tugend.

Mand. Ein ansehnliche Forderung!

Mark. Die Fee will, daß ich allen Damen, welche es zugeben, den Schleier überhänge. —

Mand. Und wenn es nicht die rechte ist?

Mark. Etliche Stunden Verzuckungen.

Mand. Es thut aber weiter nichts?

Mark. Nichts!

Mand. Man stirbt doch nicht?

Mark. Beinahe unter zweihundert Damen, an welchen ich diese Probe machte, ist nicht eine gestorben.

Mand. Und wo ist der Schleier?

Mark. Ich eile ihn zu holen.

(ab.)

Mand. Guter Ritter! der Schleier ist mein, auch ohne diese Probe! Warum sollt ich mich dieser gefahrvollen Probe unterziehen, da ich mir selbst voraus sagen kann, daß ich ihn dadurch nicht erhalten werde? — Und wenn

wenn List nichts vermag — so kann ich auf Macht rechnen. Welcher Mann könnte mir etwas versagen?

Vierter Auftritt.

Mandane. Morganto.

Mand. Wie gerufen!

Morg. Königin —

Mand. Nicht immer so ehrerbietig, wenn wir allein sind! Hat Euch die Liebe keinen traulichern Ton gelehrt?

Morg. Ihr habt alles aus mir gemacht.

Mand. Laßt sehen! — Als ihr noch mein Page wart zeichnete ich Euch vor allen aus, ich verhalf Euch zum Ritterschlage, ich zog Euch auf Polster, wo nur Könige lagen.—

Morg. (sieht sich um) Die Wand hat Ohren.

Mand. Aber keine Sprache! — Ach! Morganto! Noch diesen Augenblick, liebe ich Euch eben so sehr als in der ersten Stunde, als wir uns verstunden. Und Ihr?

Morg. Könnt Ihr fragen? — Mein Leben selbst sez' ich aufs Spiel, wenn es Euch zu Dienst geschieht.

Mand. Jezt gilt es nur das Leben eines andern.

Morg. Eines andern?

Mand. Laß sehen, ob du Herz hast, deine Versprechungen zu erfüllen. Es ist ein fremder Ritter hier, welcher einen Schleier bei sich führt — diesen Schleier muß ich haben.

Morg. Ich eile. —

Mand. Nicht doch! zärtlicher Frauendiener! du verstehst mich nicht. Oeffentlich darf nichts geschehen, was heimlich geschehen muß! —

(ab.)

Morg. Heimlich? ich? — Ich ein hinterlistiger Mörder? Ein Ritter? Nein! bei meiner Seele, um diesen Preis, erkaufe ich die Liebe der Schönsten auf Erden nicht.

(ab.)

Fünfter Auftritt.

Markomir. (mit einem kostbaren, mit Edelgesteinen besezten Kästchen.)

Treibe nicht länger,
hin auf der Flut
Hoffnung und Liebe,
schiffenden Mut.

Treibe nicht länger
gütige Fee!
mich auf der Liebe
stürmender See.

Leite in Hafen,
lieblicher Schein!
mich meiner Liebe,
Glüklich hinein.

Sechster Auftritt.

Markomir. Morganto.

Morg. (vor sich) Das ist er! (laut.) Ritter! Ihr führt einen Schaz bei Euch, der ein Weib lüstern machte. — Sie hat einen Mann gedungen, Euch hinterlistig zu morden. Aber dieser Mann war ein Ritter, welcher höhern Beruf fühlt, als seinen Dolch zum Meu-

Meuchelmord zu schwingen. Er warnet Euch, Euch vorzusehen, — denn es giebt Buben, welche um eine glükliche Nacht alles wagen!

(ab.)

Mark. Was ist das? — Sollte die Infantin? — — Ich verstehe nicht, was das sagen will! — doch — (sieht das Kästchen an) eine Dame kann ja leicht um deinen Besiz ein Menschenleben bezalen!

Siebenter Auftritt.

Markomir. Arzanto.

Arz. Herr Ritter! habt Ihr die Infantin gesprochen?

Mark. Ja!

Arz. Sie läßt Euch sagen, daß sie Euch im Garten erwarte.

Mark. Im Garten? Weis der König von meiner Ankunft?

Arz. Nach der Tafel, noch vor dem Kampfe mit dem Mohr, verlangt er Euch zu sprechen.

Mark. Gut! (will gehen.)

Arz. Noch ein Wort Herr Ritter! — Aber — Ihr werdet mir die Frage verzeihen — wie ist es denn möglich, daß Ihr die Infantin gesprochen haben könnt, da sie mir selbst sagte, sie wünschte Euch zu sehen — und auf mein Wort, sie hat Euch noch nicht gesehen.

Mark. Und ich habe mit ihr gesprochen!

Arz. Der Zwerg ist Zeuge.

Mark. Ha! jezt ahnde ich Betrug! — Also, die Infantin wartet meiner?

Arz. Im Garten.

Mark. (giebt ihm das Kästchen) Dies nimm in Verwahrung — — und, nun weist du, wo ich anzutreffen bin!

(ab.)

Arz. (zu dem Kästchen) Ach! du edles Kleinod! wie lange wirst du noch in deinem Kerker bleiben! wenn du auch zuweilen frische Luft geschöpft hast, gleich must du wieder in dein Behältniß zurük. — 's ist doch sonderbar, wenn

wenn man's so eigentlich bedenkt! — des Königs Krone, und meines Herrn Schleier! Sie sehen einander so ähnlich wie Bruder und Schwester. Die Krone plagt die Männer, der Schleier die Weiber! Hahaha! — 's ist kurios! Ich will nur sehen, wo das Ding hinaus will! — (sezt das Kästchen auf die Erde und dekt seinen Hut drüber.) Du bist ein beschwerlicher Kumpan! die Weiber machen auf den Kern, und die Spizbuben auf die Schale, Jagd. — 's ist ein Uebel, so mit Prätension so in der Welt herum zu reisen wie du. 's wär mancher Ritter noch am Leben, wenn ihn nicht seine glänzende Rüstung verrathen hätte. — Nun! was hilfts! wir müssen alle sterben! —

Achter Auftritt.

Arzanto. Zwerg. (mit Wein und Gebakenen.)

Zwerg. Holla! Kammrad! da giebts was vor den Magen!

Arz. Je du goldner Zwerg! was hast du nicht vor einen glüklichen Gedanken gehabt! als wenn du mir ihn aus der Seele gestohlen hät-

hättest. Hör, du! ich merke, wir sympathesiren.

Zwerg. 's scheint beinahe so!

Arz. Ja! ja! Wir sympathesiren.

Zwerg. (schenkt ein) 's ist eine herrliche Sache um die Sympathie! —

Arz. Ja wohl! (trinkt) Ha! das schmekt! — —

Ha! wie schmekt der Trank so süsse!
traun! das ist ein Götterwein!
Nein! des schönsten Mädchens Küsse,
können nicht so lieblich seyn.

Zwerg.

Trink nur, trink, und laß dir's schmeken,
volle Keller haben wir,
Fremden unsern Tisch zu deken,
sind wir immer willig hier.

Arzanto.

Kömmst du einst zu uns, mein Lieber!
dek' ich willig dir den Tisch. —
Dieser Trank hilft vor das Fieber!
das mich quält, drum trink' ich frisch.

Zwerg.

Zwerg.

Stärker macht der Wein die Schwachen,
und giebt hohen, frohen Mut,
und aus Weinen schaft er Lachen,
läutert unser schweres Blut.

Beide.

Laß uns trinken, weil wir's haben,
biß der blasse Tod uns winkt,
Der verschmäht des Himmels Gaben,
der nicht gern ein Gläschen trinkt.

Arz. Ha! so gut ist mirs lange nicht gekommen! (sezt sich) Der Teufel! da sizt sich's ja so weich. —

Zwerg. Wie auf einem Schloß-Polster zu Alkair.

Arz. Da hast du recht! — 's ist nun mit der fahrenden Ritterschaft so eine Sache! immer Lärm und Spektakel und wenig Ruh. Harte Nachtlager und allenthalben Abentheuer. — Wenn wir nur erst die Dame gefunden hätten, die wir suchen! —

Neunter Auftritt.

Vorige. Brionelle.

Brion. Wo ist dein Herr?

Arz. Er sucht den Weg zur Infantin.

Zwerg. Oder vielmehr, zu ihrem Lustschlosse. Lern dich bestimmt ausdrüken.

Brion. Sag mir doch guter Freund, kanns denn dein Herr wohl wagen, dem Könige die Krone abzunehmen?

Arz. Das glaub' ich!

Brion. Es wär' ein sonderbarer Fall!

Zwerg. Ein schönes Faktum vor unsre Chronikenschreiber. Da gäb's ein Fest! da würde getrunken werden! — Ha! (springt freudig auf und fällt über das mit dem Hute bedekte Kästchen.)

Arz. Halt! halt! (springt hinzu.)

Zwerg. Was ist das?

Arz. Da stekt ein kostbarer Vogel drunter. (nimmt das Kästchen.)

Brion. Ach! — Was ist drinne?

Arz. Meines Herrn Kompas.

Zwerg. Doch nicht der Schleier?

Arz. Getroffen!

Zwerg. Der Schleier?

Brion. Der Schleier? Das muß etwas kostbares seyn.

Zwerg. Man siehts gleich dem Neste an, was vor ein Vogel drinne stekt. — Aber so frei und frank — wenn er nun wegkäm'.

Arz. Dafür sorg ich nicht. Er wird sich schon selbst beschüzen. Es ist ia ein Feenschleier!

Zwerg. Das Kästchen ist so viel werth, als Land und Leute! — Und das Eingeweide —

Brion. Der Schleier! Ich möcht' ihn nur sehen! — Er sieht wohl ganz besonders aus?

Arz. Das könnt' ich eben nicht sagen. Dem Anscheine nach sollte man gar nicht glau=

glauben, daß es so ein wunderbares Wesen wär'.

Brion. Ich möcht' ihn nur sehen.

Arz. J nu! das kann ja wohl geschehen.

Brion. Das ist wahr! so gefällig wär' an unserm Hofe kein Knappe! und die Frazen haben's gar nicht nöthig stolz zu seyn — Wenn man so die Ausländer betrachtet. —

Arz. (streicht das Kinn) Hm!

Brion. 's ist ein groser Unterschied!

Arz. Wirklich? (vor sich) Die ist verliebt! hm! ein artiges Figurchen — (laut) J! das muß ich sagen, ich habe mich eben nicht dran zu binden, da auch mein Glük zu machen, wo mein Herr seinen Schleier anbringt — sondern, wo mein Herz mir einen guten Rath ertheilt.

Brion. Ist das noch nicht geschehen?

Arz. Da sind wir nun von der spiegelhellen Loire bis an den schlammichten Krokodilldillfluß gezogen — ich habe nichts empfunden — und auf einmal —

Zwerg. Aha!

Brion. (streicht Arzanto den Baken) Nicht wahr, ich bekomme den Schleier zu sehen?

Arz. Herzlich gern! — Aber Kinder, ich bitte Euch — (zum Zwerg) weg mit dem Becher! — wenn etwas dran käm' — ich glaube, mein Herr schlüg' mir Arm und Bein entzwei. Ich wär' unglüklich! (öffnet das Kästchen.)

Brion. Das will ich glauben!

Arz. (nimmt den Schleier heraus). Nun seht einmal!

Zwerg. Ja! wer säh's denn dem Kerl an, daß er solche gröse Wunder würkt?

Brion. Also, wer ihn besizt, bleibt zeitlebens schön?

Arz. Zeitlebens!

Brion. Ach! Zeitlebens schön zu seyn! nie alt zu werden! — Ach! wenn der Schleier mein

mein wär'! wie wollt' ich da ganz der Liebe leben! Ach! der Liebe!

Arz. Ja! die Liebe!

Brion. Auch ohne Schleier will ich mich ihr ganz weihen, denn nur sie macht glüklich hienieden.

Nur die Liebe streuet Rosen
auf den Pfad des Lebens schön,
wo die Weste lieblich kosen,
wo die Lieben traulich gehn.

Laß mich holde Göttin wallen
immer diesen schönen Pfad,
ach! den schönsten unter allen,
weil ihn selbst dein Fuß betrat.

Arz. Wollte der Himmel der Schleier wär' mein! ich wollte ihn Euch gleich schenken.

Zwerg. Leg' deinen Dienst bald nieder guter Freund, wenn du nicht in Schimpf und Schande gerathen willst. Du hast ein gar zu weiches Herz.

Brion. Guter Freund — giengs denn nicht an, daß ich den Schleier könnte überhängen?

Arz. Der Fall ist mir noch nicht vorgekommen!

Zwerg. Hahaha! — Freund! das ist ein spiziger Fall!

Arz. Wenn's mein Herr thät' — aber so —

Brion. Einerlei! Ich will ihn ja nicht behalten, nur einmal überhängen — und — es ist ja blos Spas — vielleicht werd' ich ein wenig schöner, und —

Zwerg. Das könnte nicht schaden!

Brion. Und wenn du dir zehn Schleier überwerfen ließest, du thätest wohl dran! — (zu Arzanto) Nicht wahr die kleine Probe ist erlaubt — und wenn ich nun schöner würde — ich habe ein dankbares Herz — und die Abendländer — die artigen Fremden —

Arz. (vor sich) Ach! ist das arme kleine Ding in mich verliebt!

Brion. Nun? — Ich will dir auch — — ich will mich so weit herablassen, und will dir einen Kuß geben —

Zwerg.

Zwerg. Das ist viel! das hat sie noch nie gethan! Nicht einmal der Gedanke davon ist ie in ihre keusche Seele gekommen! So ein Kuß ist schon etwas werth! — Frisch, häng' ihn dem schönen Kinde über —

Arz. Aber, Ihr wißt ia vielleicht schon, was der Schleier vor ein Spizbube ist! Gesezt nun — Er fordert Unschuld und Tugend — gesezt nun — und wer da nicht recht taktfest ist, der mag's unterwegs lassen — gesezt nun — ich will zwar kein Mißtrauen in Eure Tugend sezen —

Zwerg. Das wär' auch nicht zu verzeihen! das wär' sehr unhöflich!

Arz. Wenn nun aber der Schleier nicht eben so höflich wär' — wie da? Ihr hättet einmal sehen sollen, was die Damen vor sonderbare Grimassen machten, die nicht Probe hielten, als wären sie dem Tollhause entlaufen. Kurzum sie geriethen in solche schrekliche Konvulsionen, als hätte sie ein Zaubrer magnetisirt.

Brion. Ich hänge ihn ia aber nicht über, um die Braut deines Herrn zu seyn, son-

sondern nur um das Vergnügen zu haben, zu wissen, ob der elektrische Schlag voller Allgewalt nicht auch auf meine Verschönerung Einfluß haben kann.

Arz. Nun, wenn's nicht anders ist —! Aber wenn ein Unglük geschäh'!

Zwerg. Hört! laßt das Ding unterwegs! Mißbraucht solche Sachen nicht. Mit Feen-Geschenken läßt sich's nicht scherzen. — Ich dächte, ihr nehmt an dem Könige ein Beispiel!

Arz. Da hast du recht guter Freund! Hinein mit dir!

Brion. (fällt ihn in die Arme) Nicht doch! — Ihr Männer habt auch wahre Felsenherzen! Eisen und Stahl kann nicht so unbiegsam seyn als euer Sinn! Und du glaubst mich bereden zu können, du liebtest mich?

Arz. Ei! meinetwegen! Ich hänge Euch den Schlejer über — entsteht aber ein Unglük —

Zwerg. Mir zittern alle Glieder — ach! ach! ach!

Arz. Ich befehle Euch meine Seele. — So wollen wir denn das Abentheuer bestehen. —

Zwerg. Halt ein!

Brion. Mut gefaßt, wenn du meiner Liebe werth seyn willst.

Arz. So sey's gewagt! (wirft ihr den Schleier über.)

(Einige heftige Blitze und ein starker Donnerschlag.)

Brion. (thut einen lauten Schrei und läuft davon.)

Zwerg. (fällt mit Flasche und Becher zu Boden) Ach! ach! ach!

Arz. (fällt auf die Knie) Gnade! allmächtige Fee!

(zusammen.)

Zwerg. Das habt ihr davon! Verdammt sey die Neugierde!

Arz. Ach! ach! — steh auf! 's hat nichts zu bedeuten! —

Zwerg. Sind keine Ungeheuer da?

Arz. Niemand als wir beide!

Zwerg. Wo ist denn Brionelle?

Arz. Ich weis nicht, wo sie hin ist!

Zwerg. (steht auf) Die Weiber! die Weiber! Sie müssen ihre Neugierde stillen, und sollt' es den Kopf kosten.

Arz. 's ist nur ein Glük, daß der Schleier nicht verschwunden ist!

Zwerg. Das ist ein groses Glük!

Arz. (legt den Schleier ins Kästchen) In meinem Leben mach' ich mit dir keine Probe wieder, und sollt' ich 100 Küße bekommen.

Zwerg. Die sind an unsern Hofe umsonst zu bekommen, deswegen braucht man nicht solche Todesangst auszustehen. — Fasse dich! der Seneschall kömmt.

Zehnter Auftritt.

Vorige Seneschall.

Senesch. Bist du der Knappe des fremden Ritters?

Arz. Der bin ich!

Senesch. Sag' deinem Herrn, daß der König ihn vor dem Kampfe, zu öffentlicher Audienz erwarte, und daß an der Rittertafel vor ihn gedekt sey.

Arz. Sogleich!

(ab.)

Senesch. Höre Mißgeburt, auf dein Gewissen! hat diesen Ritter blos der Kampf mit dem Prinzen nach Alkair gezogen? — Blos der Trieb den König von der Feenkrone zu befreien? — Hat er nicht mit der Infantin gesprochen?

Zwerg. Ehe er hieher kam, nicht. Jezt kann's vielleicht geschehen seyn, das weis ich nicht.

Senesch. Ich kenne dich! du bist ein verdammter Gelegenheitsmacher!

Zwerg. Das sagt Ihr mir!

Senesch. Nicht zu wizig, wenn ich mit dir spreche!

(ab.)

Zwerg. Wenn ich weiter keine Furcht hätte! Als wenn man nicht wizig seyn dürfte, weil so ein Schranze dem Wize so feind ist, als der Wahrheit! Nein! nein! davor bin ich Zwerg, und Zwerge müssen wizig seyn, weil sie nie bis zum Seneschall steigen können! — Ich weis nicht, was ich mich darüber ärgern soll! — Bei mir dürfen keine Grillen bleiben; noch hab' ich Wein, weil ich Wein habe, will ich trinken, und so lange ich trinken kann, will ich lustig seyn! (trinket.) Das schärft den Wiz! Es lebe der Wein! (trinket.)

Wo mir volle Becher winken,
will ich trinken, weil ich kann,
Weil ich lebe, will ich trinken,
bis ich nicht mehr trinken kann.
Mag die ganze Welt versinken,
bleib' ich da und kann nur trinken,
kümmr' ich mich um weiter nichts! —

(ab.)

Eilfter Auftritt.

(Gallerie im Lusthause der Infantin.)

Brionelle.

Ach! — Ein Glük, daß ich noch lebe! — die verdammte Neugierde! — und — doch! was thut man nicht um der Schönheit willen! — Es ist vorbei — und ich lebe noch, wie es aber dem Zwerge und dem Knappen ergangen seyn wird? — Was bekümmre ich mich darum? Genug daß ich gerettet bin!

Zwölfter Auftritt.

Brionelle. Bellamira.

Brion. Ist der Ritter schon hier gewesen?

Bellam. Noch hab' ich ihn nicht gesehen.

Brion. Wahrhaftig! er hat viel Aehnlichkeit mit einem Traumbilde.

Bellam. Ich bin so heiter, so froh!

Brion. Vielleicht ist's geheime Ahndung!

Bellamira.

Wenn er's wär, den ich gesehn
diese Nacht im Traum, so schön!
Wenn er's wär! — so schön so hold!
mit dem sanften Blik der Liebe,
mit dem Lokenhaar von Gold!
Ach! wie quält mich Traum und Liebe!
Traum und Liebe sind so schön,
lassen ihn mir lieblich sehn!

Dreizehnter Auftritt.

Vorige. Seneschall.

Senesch. Euer Bruder der König, gnädigste Prinzessin, wünscht, um die öffentliche Audienz, welche er dem fremden Ritter zu ertheilen gesonnen ist, glänzender zu machen, Euch bei derselben zu sehen. — Gewiß! alles würde dieser Feierlichkeit fehlen, kein Glanz würde sie erleuchten, entzög' die schöne Bellamira derselben ihre Gegenwart. — Ehe der Kampf zwischen dem Ritter und dem durchlauchtigen Bräutigam —

Bell. Bräutigam? was sprecht Ihr von Bräutigam? — Ich kenne keinen Bräutigam!

Senesch. Des Königs hohes Wort —

Bell. Ich komme zur Audienz. — So viel dem Könige, meinem Bruder.

(ab.)

Brion. (macht eine Verbeugung gegen den Seneschall — und tritt ans Fenster.)

Senesch. (Sieht sie verächtlich an, bricht in ein Gelächter aus und geht ab.)

Brion. (sieht ihm nach.) Eure Dienerin Herr Seneschall! ha ha ha! — Wer's nicht wüste, sollte glauben, dieser Mann wär' das Muster eines klugen Staatsmannes — und hat höchstens die Aufsicht über — das Hofceremoniel! ha! ha! ha! — (tritt ans Fenster) Was seh ich! — Gnädige Prinzessin! — Geschwind!

Vierzehnter Auftritt.

Brionelle. Bellamira.

Bell. Ist der Seneschall fort?

Brion. Hieher! — Hier ist eine schöne Aussicht! Seht! dort kömmt der Fremde herauf.

Bell. Wo?

Brion. Dort — unter den Palmen!

Bell. Er kömmt! — Noch ist er weit. —

Brion. Er wird schon näher kommen. Seht! wie edel und stolz er einher tritt, als wär er gewohnt, nur mit Königen zu kämpfen, Prinzen den Handschuh und Prinzessinnen die Blike der Liebe zuzuwerfen. Wahrhaftig! unser Hof sah solch' einem Ritter noch nie.

Bell. Du hast recht! — Sieh! — er bleibt stehen.

Brion. Er geht in Eure Lieblingslaube — Er weilt, wo ihr so oft weiltet. —

Bell. O! fänd' er mein Bild dort, welches sich so oft in den Thautropfen mir selbst zeigte.

Brion. Er tritt heraus! — Wie seine Rüstung blizt. —

Bell. O! der neidischen Stralen, welche ihn zu einem glänzenden Gotte erheben

und

und ihn den Blicken der Sterblichen entziehen!

Brion. Er kömmt nach dem Lusthause zu!

Bell. Ja! — er kömmt! er kömmt!

Jezt kömmt er, den Liebe und Träume begleiten!
er ist es, der Schönste von nah und von weiten!
Ihn führte die Liebe gefällig zu mir,
Wo bist du? du bist es! Ich harre dein hier!

Funfzehnter Auftritt.

Vorige. Mervillo.

O! Schönste der Schönen, von nah und von fern,
Hier bin ich! zu dienen dir willig und gern!
Geliebte! ich liebe so zärtlich nur dich.
Wie soll ich die Liebe beweisen dir? sprich!

Bell. Verlaßt mich! ich bitt' Euch, und lernet mich hassen!

Merv. Ich liebe dich innig, ich kann dich nicht lassen!

Bell. Ich bitte Euch herzlich, Prinz lernet mich hassen!

Merv. Ich werde dich nimmer, ich kann dich nicht lassen!

Brion. Liebe läßt sich nicht gebieten,
nie erzwingen sich hienieden,
Gegenliebe nie erflehn.

Merv. Kämpfen gegen Ungeheuer
will ich, jedes Abentheuer,
Euch zu Ehren, gleich bestehn!

Bell. Mir zu Ehren, zieht auf Fehde,
nimmer, ich begehr' es nicht.

Merv. Ich weis, was ich rede,
und Ihr wißt, kein Praler spricht!
Geister dienen mir und beben,
Tag verwandl' ich schnell in Nacht,
Berg und Thäler mach' ich eben,
alles fühlet meine Macht! —

Doch beseelt von sanften Triebe
fleh' ich knieend hier um Liebe,
um ein Ja aus deinem Mund!

Bell. Prinz steht auf! — Ihr kniet Euch wund!

Sechszehnter Auftritt.

Vorige. Mandane.

Mand. Seht! hier kniet der grose Meister
aller Künste; seine Geister
sehn ihn flehen wie ein Kind!
Hahahaha!
sprecht nur weiter fort, geschwind!

Merv. Ha! sie wird mit ihrem Lachen
mich noch toll und rasend machen!

Mand. Laßt Euch nicht stöhren!
Ei! kniet doch nieder,
bittet doch wieder!
ich möcht' es hören.
Hahahaha!

Brion. { Nun kniet doch nieder,
bittet doch wieder!
Mand. { Hahaha!

Merv. Dies Gelächter zu ertragen,
mag ein andrer vor mich wagen!

Mand. Zärtliche Seelen
müssen sich quälen.

So muß es seyn!
Liebe bringt Pein!

Brion. Liebe bringt Pein!
so muß es seyn!

Mand. hahaha!

Merv. Zärtlich will ich nicht mehr flehen,
Knien sollt' ihr mich nicht sehen! —
Fürchte meine Macht, und sprich
stolze Schöne! Liebst du mich?

Mand. Jezt erkenn' ich Euch erst wieder!

Brion. Ach! mir beben alle Glieder!

Merv. Keine Antwort auf die Frage?
sagt, wie bringt man Euch zur Sprache?

Mand. Könnt' Ihr wohl ein Ja erzwingen?

Bell. Nein! es wird euch nicht gelingen!

Merv. (schwingt den Stab) Meine Geister sind beschworen!
Ohne Hülf' ist sie verlohren!

Mand. Ohne Hülf' ist sie verlohren!
Bell. Hülfe! ach! ich bin verlohren!
Brion. Hülfe! ach! sie ist verlohren!
(zusammen.)

Sie-

Siebenzehnter Auftritt.

Vorige. Markomir.

Mark. Welch Geschrei?

Brion. — — helft edler Ritter!

Mark. An Marzindens goldnem Gitter,
schwur ich, Damen zu beschüzen.
Schwing, dich Feiger! auf dein Pferd;
Laß dich Geister unterstüzen,
in dein Kampf mit Lanz' und Schwerd.

Mand. O! verwünscht!

Bell. — — ich athme wieder!

Brion. Nicht mehr zittern mir die Glieder!

Merv. Hurtig wie zum leichten Tanze,
spielend nur mit Schwerd und Lanze,
schwing' ich scherzend mich aufs Pferd.

Mark. Sag! was hilft das eitle Reden?
schon ertönen die Trommeten!
Auf! zum Kampf mit Lanz und
Schwerd.

Alle.

Schwerder blinken, Waffen klirren,
ungeduldig wiehern Rosse
in den schallenden Geschirren,
und der Boden tönt vom Stosse
ihrer ehrnen Hufen wieder.
Auf! zum Kampf! — Trommeten tönen,
Kränze winden schon die Schönen,
froh den Sieger zu bekrönen,
und auf lustigem Gefieder
trägt der Ruhm des Helden Ehre
zu dem güldnen Sternenheere.
Auf! zum Kampf! rc.

Dritter Aufzug.

(Saal.)

Erster Auftritt.

Arzanto. Zwerg. (liegen beide auf Polstern mit Flaschen und Bechern umgeben.)

Arzanto.

Ein froher Wirt würzt Speis und Trank
mit seiner heitern Miene,
und sieht bei hellem Becherklang,
so schön wie Melusine
am Brunnen weiland lobesan —
Ein froher Wirt — auf! stoß mit an!
Ein froher Wirt soll leben!

Zwerg. Soll leben! (Stoßen an und trinken.)

Arz. Und das mit Recht!

Zwerg. Aber hör doch! — du nanntest ja vorhin so ein Weibsbild, — wie hies sie? Ziprine?

Arz. Ich dachte gar! — Melusine?

Zwerg. Richtig! so hies sie. Wer ist sie denn?

Arz. Die ist schon längst todt. — 's war eine schöne Fee, eine Landsmännin von mir. Ihre Geschichte erzält eine alte Romanze, die hat ein Dichter aus der Provence gar rührend in neue Verse gebracht. Sie reimen sich zwar nicht, aber es sind doch Verse — und die alten Romanzen, ins Neue vertirt — dürfen sich auch nicht reimen, wenns dem Dichter zu schwer wird zu reimen. Die Romanze hat nur 150 Stanzen, aber weil ich keine Zitter bei der Hand habe, kann ich sie nicht singen — denn ohne Zitter klingt keine Romanze.

Zwerg. Also Melusine hies sie? 's ist ein schöner Name!

Arz. Sie selbst war noch viel schöner. Sie sah aus wie Milch und Blut, und hatte ein paar Augen, wie die Sterne in der Milchstrasse. Ihre blauen Augen stachen zu ihren goldgelben Haaren so schön ab, wie die drei goldnen Lilien im blauen Felde in unsern Panieren.

Zwerg. 's ist wundersam!

Arz. Ja wol! — Ihr liebster Aufenthalt war bei einem Brunnen. Hier sah sie ein Graf, sie sehen und sich in sie verlieben, war eins. Er steigt ab, und bietet ihr seine Hand an. Was geschieht? Das arme Ding fängt bitterlich zu weinen an.

Zwerg. Das arme Kind! ist der der Antrag so nahe gegangen!

Arz. Der Graf tröstet sie, und sie sagt' ihm, daß, ob sie gleich eine Fee sei, sie ihn doch liebe.

Zwerg. Doch?

Arz. Ja! — Sie sagt' auch, daß sie bereit wär' sich christlicher Sitte gemäs', ehelich mit ihm zu vereinigen, wenn er ihr eine Bitte gewährte.

Zwerg. Nun?

Arz. Das verspricht ihr der Graf. — Was geschieht? Sie bittet sich aus, daß er nicht nach ihr fragen, oder sich um sie bekümmern möchte, wenn sie sich iedesmal am 6ten Tage in ihr Gemach verschliesen würde.

Der Graf versprichts, und nimmt sie zum Weibe — und giebt ein prächtiges Banket und ein Turnier comme il faut. — Nun zeugte er Söhne und Töchter, aber die Einigkeit währte nicht lange. Der gute Graf war neugierig zu sehen, was seine Gemalin, am 6ten Tage ganz alleine in ihrem Zimmer machte.

Zwerg. Aha! — ia! die verwünschte Neugierde!

Arz. Sein Bruder hatte böses Feuer zugeblasen — wie das nun so geht. —

Zwerg. Ganz recht!

Arz. Ich vor meinen Part mische mich nicht gern in Ehesachen, 's läuft gemeiniglich nicht zum Besten ab. — Was geschieht? der Graf läßt sich von dem Satan blenden, gukt am 6ten Tage durch einen Riz in der Thür und—

Zwerg. Daß nun eben der Riz daseyn mußte!

Arz. Der war nun einmal da! — Kurz, der Graf gukt hinein, sieht sein Melusinchen im Baade, und die ist ein halber Fisch.

Zwerg. Ein Fisch?

Arz. Bis hieher an die Hüften, war sie sein Weib wie zuvor, aber von da an, so, da herunter, ein halber Fisch mit einem grosen Schwanze.

Zwerg. Ein Fisch mit einem grosen Schwanze? — Und Schuppen?

Arz. Spiegelglatte Schuppen!

Zwerg. Das ist ia entsezlich!

Arz. Was geschieht? Der Graf bricht ein, sie verschwindet — und übers Land kömmt lauter Unglük und Not. — Und diese Geschichte ist nun in Versen zehnmal schöner anzuhören.

Zwerg. Das glaub' ich!

Arz. Laß uns eins auf des Dichters Wohlseyn trinken!

Zwerg. Da bin ich dabei!

Arz. Er soll leben!

Zwerg. Ja! das soll er!

Arz. Und seine Schöne dazu, wenn er eine hat!

Zwerg. Wo denkst du hin! Ein Dichter und keine Schöne! Er hat ganz gewiß eine, so wahr ich ehrlich bin — und sollt's ein Ideal seyn.

Arz. Gleichviel! — Sie sollen leben! (trinken.)

Zweiter Auftritt.

Vorige. Markomir.

Mark. Ich weis nicht, warum der König die Audienz aufschiebt — und den Kampf aufhält.

Zwerg. Er pflegt sich bei der Tafel immer ein wenig lange zu verweilen. — Inzwischen dächte ich, Herr Ritter, ihr könntet Eure Zeit nicht besser anwenden, als wenn Ihr einige Worte mit der Infantin spräcThat. — Mit der Königin habt Ihr ia eine lange Konferenz gehabt.

Mark. Sie selbst gab sich für die Infantin aus — und ich konnte nicht weniger thun, als ich wirklich that.

Zwerg. Wahrhaftig Ihr habt recht!

Arzt. Herr Ritter! — wenn ich bitten darf — nehmt das Kästchen selbst in Verwahrung — ich bin sehr in Angst gewesen — und — mit einem Worte — es ist nicht beim rechten Herrn.

Mark. (nimmt das Kästchen.) O! wohin wirst du mich noch führen, Leitstern meiner Liebe! Wenn wird mein Herz freudig ihr entgegen schlagen, und mein froher Mund ihr ewige Liebe schwören!

Hab' ich einmal dich gefunden,
der dies Kleinod zugehört,
hab' ich auch den Schaz gefunden,
Den mein liebend Herz begehrt.

Ewig für dich soll es schlagen,
mit dir freuen sich und klagen,
und ich bin dann dir verschrieben,
ewig, ewig dich zu lieben.

Hab' ich einmal dich gefunden,
der dies Kleinod zugehört,
habe ich den Schaz gefunden,
den mein liebend Herz begehrt!

(ab.)

Arz.

Arz. Wenn ich meinem Herrn es in der Liebe gleich thun soll, so muß ich wenigstens—

Zwerg. Eben so verliebt seyn wie er!—

Arz. Richtig! —

Zwerg. Ja! was dazu gehört, versteh ich so ziemlich. — Sieh —! wenn ich dir sagen soll, wie ich eigentlich zu meiner Wissenschaft gekommen bin, so weis ichs selbst nicht. Aber das ist der rechte Grad, in welchem man sich befinden muß, um eine wissenschaftliche Rolle bei mäsigen Kenntnissen zu spielen.

Dritter Auftritt.

Vorige. Brionelle.

Brion. Dein Herr —?

Zwerg. Der Herr wird wohl der Infantin den Schleier anprobiren —

Arz. Und der Knappe kassire seine Schulden ein! (Küßt Brionellen.)

Zwerg. Um beides bekümmert sich bei uns kein Zwerg. Er trinkt sein Becherchen Wein, und damit gut! (trinkt.)

Arz. Ach! das schmekt! So ein entzükender Kuß!

Zwerg. Ach! das schmekt! So ein herrlicher Wein!

Arz. Aber, mein schönstes Kind — wenn ich nun im Ernste spräch — willst du mir in mein Land folgen, und mein Weib seyn?

Zwerg. So würde sie sprechen. —

Brion. (seufzt) Ach!

Zwerg. Deutlicher als hundert Worte! Sie geht mit!

Arz. Element!

Brion. Aber der Himmel weis, wo ihr noch herumzieht, wenn der Schleier nicht bei der Infantin seine Wirkung thut!

Arz. Wenn du mich liebst, so ziehst du mit mir.

Zwerg. Wenn sie das thut — so wär' an ihr keine Patriotin verloren. Aber — Sie thut's!

Brion.

Brion. Wenn ich wüste —

Zwerg. (hält Arzanto die Flasche vor) Sieh! wie Gold! Ich will doch der Fee ihr Wohlseyn trinken, die ein halber Fisch war.

Arz. Ich will aufs Wohlseyn meiner Schönen trinken.

Zwerg. Must du in Aegypten deine Freiheit verlieren!

Arz. (sieht die Flasche an) 's ist ja nichts mehr drinne.

Zwerg. 's ist auf ein köstlichers Gefäs gefüllt worden!

(Trompeten und Pauken hinter der Szene.)

Brion. Die Infantin hat abgespeißt! — Auf Wiedersehen!

(ab.)

Arz. Schon abgespeißt? und ich habe noch keinen Bissen gesehen.

Zwerg. Narr! iezt ists Zeit, wenn wir die Erndte nicht versäumen wollen.

(beide ab.)

Vierter Auftritt.

(Garten. Im Hintergrunde das Lusthaus der Infantin.)

(Trompeten und Pauken im Lusthause. Bedienten tragen goldene Tafelgefäse rc.)

(Eine kleine Pause.)

Markomir (von der einen,) **Mandane** (von der andern Seite.)

Mand. Ritter! —

Mark. Königin —!

Mand. (vor sich) Also weis er, wer ich bin! — (laut) Die Liebe! — wozu kann sie nicht reizen! Lieber Ritter! könnt Ihr mir verzeihen, daß ich Euch täuschte? Ich glaubte — Namen thäten nichts zur Sache, wo Herzen sprächen. — Euer Schleier — erforderte von mir zu viel — ich bin die Gemalin des Königs — und meine Unschuld wurde dem Staatsinteresse aufgeopfert. Mein Herz behielt ich. — Noch hatte ich es, als Ihr kamt. — Aber, ich sah Euch — Liebe ist das Werk eines Augenbliks — und dies Herz war — — Ritter! könntet Ihr nicht

 ohne

ohne Schleier in den Armen einer Dame glüklich seyn, die Euch liebte?

Mark. Königin! —

Mand. Und wenn Euch nun eine Königin liebte? würdet Ihr unempfindlich seyn?

Mark. Wenn Ihr —

Mand. Wenn ich nun Euch sagte, daß ich Euch liebte?

Mark. Das werdet Ihr nicht sagen.

Mand. Nicht? — (vertraut) Und doch wohl Ritter — doch wohl! —

Mark. Ihr spottet meiner — Ihr scherzt. —

Mand. Ich scherze nicht — (verliebt) so schlug noch nie dies Herz!

Und du list nicht, was ich dir sage,
in diesen Augen? kennst noch nicht
der Liebe allgemeine Sprache?
der doch der Ausdruk nie gebricht. —
Wie deutlich auch mein Auge spricht,
verstehst du doch die Sprache nicht!

Mark.

Mark. Ich habe noch nie geliebt — und die Sprache der Augen ist mir eben so unbekannt, als die Bedeutungen der Hieroglyphen dieses Landes.

Mand. Gewiß? war't Ihr gegen alle Damen so gleichgültig?

Mark. Ich würde es sonst nicht wagen, dem Könige die Krone abzunehmen.

Mand. Glaubt Ihr, es sey Verstellung?

Mark. Ich könnte sie nicht von wahrer Liebe unterscheiden.

Mand. Und nun —?

Mark. Werde ich der Infantin den Schleier überhängen — und ist es auch hier vergeblich — so reis' ich nach dem Kampfe und der königlichen Audienz weiter.

Mand. Und Ihr bedenkt nicht, ob man Euch eben so gleichgültig kann abreisen sehen, als Ihr fortziehen könnt? — Ach! Ihr kennt sie noch nicht die unbeschreiblichen Qualen hofnungsloser Liebe — mich werden diese schreklichen Flammen verzehren!

Zieh dann fort und laß dahinten
ach! ein liebekrankes Herz. —
Tödten wird er mich, verschwinden
aber nie, der bange Schmerz!

Markomir.

Wenn ich finde', die ich suche,
find' ich mein gewünschtes Glük! —
und ich will nicht, daß ich fluche
einem raschen Augenblik.

Beide.

Mand.	Meine Ruh ist hin, verschwunden, seit ich Harter dich gesehn!
Mark.	An mein Ritterwort gebunden, muß ich eilends weiter gehn!

Mand. So kalt! so unempfindlich!

Mark. — Ich eile zur Infantin.

Mand. (hält ihn zurük) Diese Thränen — sie fliesen Euertwegen. —

Mark. Das wünschte ich nicht. Womit sollt' ich Euch all das vergüten? Laßt mich! Von diesen Perlen flicht die Ehre kein Diadem für einen Ritter!

Fünfter Auftritt.

Vorige. Mervillo.

Merv. Mehr als iemals, wünschte ich iezt Kampf!

Mark. Ich wünsche nicht und fürchte nicht. Ihr wißt ia, daß ich erst den König von seiner Kronenlast befreien muß, ehe ich Euch vom Leben befreien kann.

(ab.)

Merv. Nicht zu stolz! Ich will dich bald auf ewig der Müh überheben deine Kämpfe mit prahlenden Worten anzuheben!

Mand. Er war so eben im Begriff Eurer Braut den Schleier überzuhängen. — Er ist ein Betrüger! der Schleier ist ein Vorwand, unter welchem er Männern die Weiber und Vätern die Töchter verführt. Eure Ankunft verhinderte ihn, mir ein unverschämtes Geständniß seiner regellosen Neigungen zu thun; — ich wollte es wär' dazu gekommen, ich hätte den Betrüger entschleiern wollen!

Merv. Er soll sein Wesen am längsten getrieben haben!

Mand. Seht Euch nur vor, daß Euer Gegner, ehe es zum Kampfe kömmt, nicht unsichtbar, — wohl gar mit Eurer Braut unsichtbar wird. — Wer weis, ob sie sich nicht schon zusammen verstehen!

Merv. Mord und Tod! wenn das wär'!

Mand. Das Beste ist, Ihr versichert Euch des Schazes, ehe ein Dieb Euch zuvor kömmt. Es müßte denn seyn, (ironisch) daß Ihr Euch auf die Beständigkeit Eurer Dame verlassen könntet. Ich weis nicht, wie ihr Leutchen iezt mit einander steht.

Merv. Noch immer wie sonst. Hat sie das nicht erst noch vor wenig Stunden gezeigt? Aber ich will Ihr zeigen, daß sie es mit mir zu thun hat.

Mand. Seyd, wenn Ihr meines Beistandes bedürft, desselben versichert. Nicht Ihr allein, auch Ich dürste nach Rache!

(ab.)

Merv. Kann ich nichts weiter thun, als was ich bisher that? Kann ich nur bitten und flehen? kann ich nicht Gewalt brauchen? Ja

Ja! ich will! — Zwar schüzt sie der Talismann, der Ring welchen sie an ihren Finger trägt — aber, wir wollen doch sehen, ob ich nicht im Stande bin, seine Gewalt zu vernichten, wenn ich all meine Kräfte aufbiete.

Kann ich Löwen doch bezwingen,
Tieger zähmen, warum nicht
eine Schöne, die mit Ringen
Zauberseegen nie verspricht!

Ich wandre durch Flammen,
ich wall' übers Meer,
ich rufe zusammen
ein wüthendes Heer,
ich winke, es fallen
die Felsen einher,
ich schleudre wie Ballen
die Berge ins Meer.

Kann ich Löwen doch bezwingen,
Tiger zähmen, warum nicht
eine Schöne, die mit Ringen
Zauberseegen nie verspricht!

Sechster Auftritt.

Mervillo. Bellamira.

Bell. (kömmt aus dem Lusthause und will schnell vorüber.)

Merv. (faßt sie bei der Hand.) Nicht zu schnell, schöne Infantin! —

Bell. Was wollt Ihr?

Merv. Ich verlange Gehör.

Bell. Ich habe keine Zeit.

Merv. Nur eine Frage. — Liebt Ihr mich?

Bell. Nein! Ich will und kann Euch nicht lieben.

Merv. Nicht? (will sich ihres Ringes bemächtigen.) Nicht?

Bell. (will sich losmachen.) Hülfe!

Merv. Es ist umsonst! (zieht's Schwerd.) Den Ring oder die Hand!

Bell. Abscheulicher Bösewicht!!

Merv. (wirfts Schwerd weg und umkreiset sie mit seinem Stabe.) Alles ist vergebens! Dein Talisman soll Dich weiter nicht schüzen.

(Der Himmel verdunkelt sich, es blizet heftig.)

Bell. Ihr guten Geister meiner Beschüzerin rettet mich! Mächtige Fee, rette mich!

Merv. Herauf ihr furchtbaren Geister! unterthan meinem magischen Zepter, und entreißt der Sträubenden den Talisman der all meine Gewalt vernichtet!

(Rauschende Musik.)

Siebenter Auftritt.

Vorige. Marzinde.

Marz. (eilt ungesehen vor beiden vorüber, schwingt den Stab und eilt ab.)

Merv. (wankt weit zurück.)

(Ein starker Donnerschlag.)

(Mervillo stürzt zur Erde. Eine bergigte Scheidewand entzieht Bellamiren seinen Augen.)

(Die Musik verliert sich.)

Merv. (kömmt zu sich.) Ha! (springt auf.) Verflucht sey die Macht, die ein armseliger Talisman vernichtet! Verloren ist die Braut! Verloren ist meine Ehre! Meiner Macht werden die Edelknaben des Hofs spotten, und ich werde das Mährchen von Alkair werden! Hinweg aus dieser Welt, wo nur Schande meinen Namen stärker ins Gedächtniß ihrer Bewohner prägen wird. — Ich verspottet? verhönt? zurükzugehen? als ein abgewiesener Liebhaber wiederzukommen? von Rittern und Damen mit Fingern auf mich zeigen zu lassen? — (rasend) Mord und Tod! Ich will sterben! — (furchtbar.) Hört's ihr Geister, die ihr diesem magischen Zepter unterthan seyd, ich entlasse euch aller Verbindlichkeit, wenn ihr mir den lezten Dienst nicht versagt. Aufgehoben ist dann mein Recht auf alle eure Dienste.

(starke Blize.)

Eröffne dich schweflichter Abgrund, du furchtbare Wohnung mächtiger Geister!

(Flammen fahren aus der Erde.)

(Er weicht erschroken zurük.) Warum zage ich? was habe ich noch zu verlieren, da meine

Ehre

Ehre verloren ist? — Nichts! — (Er zerbricht den Stab, wirft ihn in den Abgrund und springt hinterdrein.) Ich komme!

(Die Flammen schlagen über ihn zusammen und der Abgrund verschliest sich.)

Achter Auftritt.

Marzinde. Bellamira.

Marz. Fahre wohl! Dies that Marzinde, welche ihre Lieben schüzt! (winkt mit dem Stabe)

(Der Himmel wird hell, die bezeichnete Scheidewand verschwindet.)

Bell. (liegt hinter der Wand auf einer Rosenbank noch ohne Bewustseyn.)

Marz. Bellamira! erwache! Jezt kömmt aus der Ferne der treüste Liebhaber, den du mit deiner Liebe beglüken wirst. — Er wird dich finden, dich wieder erkennen, wie er dich schon in meinem Spiegel sah. Auch du sahst ihn im Traume. Jezt sollst du ihn wirklich sehen. Ihr sollt Euch beide erkennen und glüklich seyn.

(ab.)

Bell.

Bell. (kömmt zu sich) Wo bin ich? — wie ist mir geschehen? Wer hat mich so wunderbar gerettet? — Ich weis nicht — wie ist mir! welch ein Feuer glüht durch all meine Adern! Welch ein angenehmes Gefühl bemächtigt sich meiner! (steht auf) Welche mächtige Hand waltet unsichtbar über mir? —

Neunter Auftritt.

Bellamira. Markomir.

Mark. Was seh' ich? die Infantin?

Bell. Wer öffnet mir die Augen! Sein Bild! Das Bild — das schöne Bild meines süssen Traum's! — Er ist's!

Mark. (wirft ihr den Schleier über) Marzinde — !

(Drei starke Blizze.)

Bell. (schlägt den Schleier zurük) Du bist's!

Mark. O Marzinde! — Sie ist's! — Ich erkenne dich wieder, englisches Bild! welches im Spiegel mir vor Augen schwebte! Es ist

ist geschehen! Ich habe sie gefunden! Mein! mein!

Bell. (sinkt in seine offnen Arme) Dein!

Mark. Du bist es! — dich fand ich!

Bell. Im Traume sah ich dich!

Mark. O welches Entzüken!
dich an mich zu drüken!
ich weis nicht, wie ist mir, wie ist mir geschehen?
Laß in deinen Armen mich Schönste vergehen!

Bell. Du bist es! du bist mein!

Mark. Auf ewig bin ich dein!

Bell. Welch sehnliches Streben!
welch innres Durchbeben!
Im Traume hab' ich dich, hab' ich dich gesehen,
iezt in deinen Armen! wie ist mir geschehen?

Beide.

Mark. Ich weis nicht, wie ist mir, wie ist mir geschehen?
Laß in deinen Armen mich Schönste vergehen!

Bell. Im Traume hab' ich dich, hab' ich dich gesehen,
iezt in deinen Armen! wie ist mir geschehen?

Zehnter Auftritt.

Vorige. Morganto.

Morg. Der Befehl des Königs führt mich hieher, Euch zu bitten, mit mir zu gehen, wenn Ihr noch willens seyd, ihm die Krone abzunehmen.

Mark. Jezt mehr als iemals. — Bellamira! ich werde dich wieder sehen, und dich auf ewig mein nennen!

(ab mit Morganto.)

Bell. (sieht ihn liebevoll nach) Der Traum ist erfüllt! Mein! mein! — O! mein Herz! kannst

kannst du diese Wonne fassen? — So sind all meine Wünsche erfüllt, und ich bin glüklich! —

(ab.)

Eilfter Auftritt.

(Rittersaal.)

Zwerg. Arzanto.

Zwerg. (geht auf und ab) Diesmal bin ich wirklich sehr neugierig, zu wissen, ob der fremde Ritter der Mann ist, der die Krone dem Könige abnehmen wird. — 's wär' ein schönes Abentheuer! ein glänzender Beleg zu dem Kapitel von den Rittertugenden!

Arz. (kömmt) Aha!

Zwerg. 's ist mir lieb, daß du kömmst! Ich bin gar nicht gern allein, ich gerathe immer so tief in Spekulationen, daß ich mich kaum wieder herauszufinden vermag.

Arz. 's geht mir auch so! — Ich merke überhaupt, daß wir beide zum Spekuliren geboren sind.

Zwerg. Aus mir hätte können ein Philosoph werden, troz dem weisen Abdul Arasch, wenn ich nicht zum Zwerg geboren wär.

Arz. Und müste ich nicht Knappe seyn, — wer weis, was aus mir geworden wär!

Zwerg. Wenn ich dich physiognomisch betrachte, so finde ich sehr viel Schwärmerisches in deinem Blik.

Arz. Merkst du nicht, daß ich auch hier, so um den Mund herum, einen gewissen satyrischen Zug habe —?

Zwerg. 's scheint so!

Arz. Und meine Nase?

Zwerg. Wenn wir von den Nasen reden wollen, Freund! — so sieh einmal die meinige an — was hältst du davon?

Arz. Eine schöne Nase! — Ich bleibe dabei, ein ehrliches Gesicht ist den Menschen nöthiger, als einer Dame der Spiegel!

Zwölfter Auftritt.

Vorige. Brionelle.

Brion. Schier ausser Athem hab' ich mich gelaufen!

Arz. Was giebt's denn?

Brion. Ihr wißt's also noch nicht?

Arz. Was denn?

Brion. Mit der Infantin?

Zwerg. Kein Wort! — —

Brion. Daß ihr der Schleier gepaßt hat?

Zwerg. Was?

Arz. Der Schleier?

Brion. Der Schleier!

Arz. Und mein Herr hat also die Schöne gefunden, nach der wir so lange herumgereist sind?

Brion. Ja! ja! — Und die Infantin hat den Schleier. Und der Traum ist erfüllt! und es ist der Ritter, den sie im Traum gesehen hat!

Zwerg. Das sind Wunder!

Arz. Und mein Herr hat sie endlich doch noch gefunden? — Nun zweifle ich an nichts mehr in der Welt.

Zwerg. Und der Traum ist erfüllt! — Ein Beleg zu des grosen Philosophen Zaramandes Fragmenten vom Wunderglauben!

Arz. Schönes Fräulein. —

Brion. Mein Freund. —

Arz. Eure Hand — wenn ich würdig genug bin, eine solche orientalische Perle in mein Vaterland zu bringen.

Brion. (giebt ihm die Hand) Wer kann Euch die Würdigkeit absprechen? und die Perlen sind hoffentlich auch in fremden Ländern im Werthe.

Arz. In grosem Werthe!

Zwerg. Ich wünsche Glück! — und weil denn allem Anscheine nach die Infantin auch im Abendlande die Strahlen ihrer nunmehr immer und ewigen Schönheit wird glänzen lassen — so wird der Zwerg nicht ermangeln, mit ihr zu ziehen, ihr zu folgen und die Talente seines Geistes auf fremden Grund und Boden kultiviren.

Arz. (küßt ihn) Kammeradschaft!

Zwerg. Das verlangt eine Bestätigung im Weine. — So bald es möglich ist!

Arz. Es lebe die weise Fee Marzinde! die bravste Tante aller Tanten in der ganzen Welt!

Dreizehnter Auftritt.

Vorige. Markomir.

Zwerg. Ist die Audienz schon angesagt?

Mark. So eben!

Zwerg. Brionelle! ins Gefolge!

(mit Brionellen ab.)

Arz. Und der Schleier Herr Ritter? — und die Dame?

Mark. Ich habe sie gefunden!

Arz. Ich auch! — 's ist billig, daß ich die Zofe versorge, wenn Ihr die Infantin mit Euch nehmt. Ich habe Euch, Ihr wißt es selbst, so treu und redlich gedient. —

Mark. Ich werde erkenntlich seyn. Auf dem ersten meiner Schlösser, welches wir auf unserm Heimzuge erblicken, bist du Kastellan.

Arz. Nun glaub' ich doch, daß die Verdienste noch zuweilen belohnt werden! Ich Kastellan, und Brionelle Frau Kastellanin!

Mark. Gefunden, nach so langen, vergeblichen Suchen! Gefunden! hier in fernen Landen gefunden!

Heil dem Tage, Heil der Stunde,
da ich dich Geliebte fand!
ewig Heil dem schönen Bunde
den die reinste Liebe band!

Vierzehnter Auftritt.

Vorige. Der König, der Seneschall, Morganto, Ritter und Gefolge, (von der andern Seite) Mandane, Brionelle, Zwerg, Pagen und Weiber.

(Trompeter hinter der Szene.)

Mark. (küßt dem Könige die Hand.)

König. Seyd gegrüßt edler Ritter! Euer Ansehen giebt zu erkennen, daß Ihr hohes Stammes seyd. Noch zeugte der Adler keine Taube.

Mark. Ich komme aus fernem Lande! aus dem Lande, welches so viele edle Ritter ihr Vaterland nennen, denen ich an Tapferkeit nicht gleiche. Edel ist mein Stamm, fürstlich mein Lehn, ich bin der Bruder des grossen Königs Pharamund in Gallien.

Mand. Und das sagtet Ihr nicht eher?

Mark. Nur iezt hoffe ich von dieser Entdekung Nuzen zu ziehen. Ich bin iezt hier. —

König. Eine äusserst wichtige Sache zu unternehmen. Seyd Ihr genugsam unterrichtet?

Mark. Ich weis alles. — Ich wage nicht zu viel! (streckt die Hand aus.)

Mand. Ich wünsche daß es kein vergeblicher seyn mag. — Bedenkt Euch Prinz, und macht dem Könige, meinem herzlichgeliebten Gemale, nicht vergeblich Kopfschmerzen.

Mark. Ich hoffe nicht! Wenn Ihr nur wüstet, schöne Königin! (mit Beziehung) wie vergebens mich schöne Damen gern sahen, sich um meine Liebe bemühten, und wie der süsseste Minnesold. —

Mand. Ihr wißt doch, daß alle Ritter, welche vergebens es wagten, die Krone abzunehmen, ein gewisses Mahl bekommen?

Mark. Ich hoffe sie alle zu reinigen. (greift nach der Krone.)

König. Ich bitte aber, bedenkt. —

Mark. Ich habe alles bedacht!

Mand. Treu in Worten und Gedanken! Stieg Euch nie ein Gedanke auf, der —

Mark. Nein!

König. Prüft Euch wohl! Ihr wißt was Ihr wagt.

Mark. Ich wage nichts! (nimmt die Krone leicht ab.)

(Trompeten und Pauken. — Verwunderndes Geschrei.)

König. Prinz!

Mark. (kniet nieder) Nehmt aus meiner Hand die Krone, und reicht mir mit der Eurigen ein weit köstlicheres Geschenk, als alle Kronen der Welt.

König. (nimmt die Krone und hebt ihn auf.) Fordert was Ihr wollt! Bei meiner ritterlichen Ehre! Ihr sollt es haben. Sprecht! was verlangt Ihr?

Mark. Die Hand Eurer Schwester, der glorreichen Infantin Bellamira.

Mand.

Mand. Sie ist die Braut des Prinzen Merville. Schon längst erhielt er des Königs Wort — und er ist ihrer werth.

Mark. Das soll, mit Eurer Erlaubniß, der Kampf entscheiden.

König. Kommt siegreich zurück, und meine Schwester ist die Eurige. Die Kampfrichter sind gewählt. —

Morg. Die Schranken sind besezt Prinz! Vor Euch ist alles bereit. Ein Streitroß steht am Auftritt des Schlosses.

Mark. Die Braut ist mein!

will fort.

Eine sanfte Musik. Markomir tritt zurück. Alle sehen sich voller Verwunderung an.

Funfzehnter Auftritt.

Vorige. Die Fee Marzinde (führt herein die verschleierte Infantin) Bellamira.

Mark. Meine Tante!

Mand.

Mand. }
König. } Die Fee Marzinde!

Mark. (zu ihren Füssen) Ich habe sie gefunden!

Marz. (hebt ihn auf) Ich weis es.

König. Mächtige Gebieterin! was bringt Euch zu uns?

Marz. Ich komme die Treu zu belohnen. Vetter! deine Kleinmut verschlang nie die Hoffnung ganz, und deine Treu gegen dein weibliches Ideal war unwandelbar. Davon hast du so eben die schönste Probe abgelegt. Hier! deine Belohnung! (führt ihm Bellamiren zu.)

Mark. (entschleiert sie) Ja! sie ist es!

Bell. Die Deinige auf ewig!

Marz. Immer daure dieser süsse Rausch! — — Ich komme nicht zu dir, König, mit leeren Händen. Nimm von mir diesen Ring. Die Helle dieses Steins versichert dich der Treue deiner Gemalin so lange, bis er trübe wird und dich des Gegentheils versichert.

Mand.

Mand. (vor sich) O weh!

Marz (zu Mandane) Dies davor, daß du dich so sehr bemühtest, meinen Günstling zu verführen.

König. Meinen verbindlichsten Dank, mächtige Freundin meines Hauses!

Mark. Ich darf, im Uebermase der Freude, des Kampfs nicht vergessen, zu dem mich die Ehre rufet.

Marz. Ich war es, die die ehrlosen Angriffe deines Gegners auf die Infantin vernichtete. Der Kampf wird nicht vor sich gehen. Aus Verzweiflung über seine vergeblichen Bemühungen, hat er sich in die schweflichten Abgründe seiner Geister gestürzt.

Mand. Mervillo.
Mark. Mein Gegner?
König. Der Prinz? } (zusammen.)

Marz. Wie ihr hört!

Mand. (vor sich) Verwünscht sind die Begebenheiten des heutigen Tages!

Morg. Liebendes Paar! was ich Gutes geben kann, geb' ich Euch!

König. Seyd glüklich! — Prinz, ich bin Euch viel Verbindlichkeit schuldig. Eurer Treue und Beständigkeit, danke ich meine Ruhe.

Mark. Und ich, der Liebe und diesem leitenden Schleier, mein Glük.

König. Der heutige Tag sey so festlich und glänzend als es ie einer in meinem Reiche war!

Morg. Heute feiern wir das Fest belohnter Treue und Liebe.

Chor.

Feiert das Fest der Treue,
feiert der Liebe Fest!
Heilig sey diese Weihe,
frölich sey dieses Fest.

Bellamira.

Heute im Traume, sah, Lieber, dein Bild
ich mit Entzücken, so freundlich und mild,
wünschte zurük ihn, und wünschte wohl mir
wieder zu träumen, fand wirklich dich
hier. —
Das that die Liebe, sie schlang dieses Band,
das mich im Traume, und wachend umwand.

Chor.

Das that die Liebe, sie schlang dieses Band,
Das Sie im Traume, und wachend, umwand.

Markomir.

Immer, ach! irrt' ich beklommen umher
suchte mein Liebchen so fern über Meer.
Eh ich es dachte, fand ich sie jezt hier,
so lohnt die Liebe auf ewig nun mir.
Das that die Liebe, sie schlang dieses Band,
das mich gefesselt, bis ich dich hier fand.

Chor.

Chor.

Das that die Liebe, sie schlang dieses Band,
das ihn gefesselt, bis er sie hier fand.

Mandane.

Zärtliches Sehnen und brennende Glut,
wechselt wie Ebbe, mit strömender Flut,
leuchtet der blendende, täuschende Schein
uns in den Hafen der Liebe hinein.
Das thut die Liebe, sie schlinget ein Band,
fesselt, und zieht uns lokend an Strand!

Chor.

Das thut die Liebe, sie schlinget ein Band,
fesselt, und ziehet uns lokend an Strand.

Bell. Das that die Liebe ꝛc.
Mark. Das that die Liebe ꝛc.
Mand. Das thut die Liebe ꝛc.

Chor.

Feiert das Fest der Treue ꝛc.

www.ingramcontent.com/pod-product-compliance
Lightning Source LLC
Chambersburg PA
CBHW030630270326
41927CB00007B/1375

* 9 7 8 3 3 3 7 3 2 0 7 4 4 *